PUENTES PROFÉTICOS

¡Descubriendo Los Caminos de Dios Para Tu Destino!

Por David Mayorga

SHABAR PUBLICATIONS
www.shabarpublications.com

La mayoría de los productos de Shabar Publications están disponibles con descuentos por cantidad especial para compras al por mayor para promociones de ventas, recaudación de fondos y necesidades educativas. Para más detalles, escriba Shabar Publications a mayorga1126@gmail.com.

Puentes Proféticos: *Descubriendo Los Caminos de Dios Para Tu Destino* por David Mayorga

Publicado por Shabar Publications
3833 N. Taylor Rd.
Palmhurst, Texas 78573
www.shabarpublications.com
www.masterbuildertx.com

Este libro o partes del mismo no pueden reproducirse de ninguna forma, almacenarse en un sistema de recuperación o transmitirse de ninguna forma por ningún medio (electrónico, mecánico, fotocopia, grabación o de otro tipo) sin el permiso previo por escrito del editor, excepto según lo dispuesto por la ley de derechos de autor de los Estados Unidos de América.

A menos que se indique lo contrario, todas las citas de las Escrituras son de las versiones Reina Valera version 1960 y Nueva Version Internacional. Usado con permiso.

Portada creada por David Mayorga.

Traducido del Idioma Ingles a Español por Jessy Hernandez

Copyright @ 2022 por David Mayorga
Todos los Derechos Reservados.

ISBN: 978-1-955433-04-4

Tabla de Contenido

Prólogo 4

Prefacio 6

Introducción 9

Capítulo 1: ¡Los Puentes Proféticos Son Más Que Un Camino, ¡Son Oportunidades! 13

Capítulo 2: Entendiendo Dónde Estás Ahora 24

Capítulo 3: Abraham: Un Puente Para La Creación de Una Nación 34

Capítulo 4: Noe: El Constructor de Puentes de Dios Para Generaciones Que Están Por Nacer 41

Capítulo 5: Josué: Haciendo Un Puente Para Conquistar Lo Imposible 49

Capítulo 6: Pedro: Un Puente Para Cruzar 55

Capítulo 7: Saulo de Tarso: "Yo Mismo Pensé" 68

Capítulo 8: Juan el Revelador: ¡Un Puente al Futuro! 74

Capítulo 9: Invitaciones, Métodos y Lo Que Dejamos Atrás 81

Capítulo 10: ¡Es Ahora o Nunca! 91

Información de Ministerio 98

Prologó

He conocido a David Mayorga por más de veinte años, como colega en el ministerio y también como un amigo personal. A través de los años David ha sido un amigo que ha estado ahí en los buenos momentos y en los no tan buenos también. Es una de las personas que siempre tiene una palabra de sabiduría para compartir, no importa cuál sea la situación.

Una de las cosas que puedo decir sin bromear acerca de David es que él es un hombre que escucha la voz de Dios. Sus escritos pasados han movido a muchos a un conocimiento más profundo acerca de lo que Dios tiene para aquellos que lo buscan con todo su corazón. He visto que la pasión y motivación de David por buscar una unción fresca del Espíritu Santo ha intensificado mas en su vida a lo largo de los años, no solo para él, sino para todos los que tienen la decisión y el deseo de una unción fresca también.

En su último libro, *Puentes Proféticos: Descubriendo Los Caminos de Dios Para Tu Destino*, David llena al lector con su sabiduría y le proporciona verdades espirituales para el cuerpo de Cristo y para cualquiera que tenga hambre acerca de todo lo que Dios

Prólogo

tiene para él. Mientras leo las páginas de este libro, me siento desafiado, como muchos de ustedes, a no contenerme. Incluso si a veces no podemos ver lo que hay al otro lado del puente, es esencial que crucemos los puentes hacia nuestro destino. Para que podamos ver que nuestros sueños dados por Dios se hacen realidad

Si tiene un sueño dado por Dios, este libro lo ayudará, lo alentará y hará que continúe presionando para cumplir su sueño. Puede que las cosas te parezcan imposibles, pero no son imposibles para Dios. Hacer lo imposible es la parte que Dios hace y a nosotros nos toca hacer lo que es posible.

Piensa en esto: cualquiera puede sostener una vara, pero solo Dios puede dividir el mar; cualquiera puede rodar y quitar una piedra, pero solo Dios puede resucitar a los muertos.

Que tu fe sea desafiada a cruzar los puentes en tu vida que te llevarán a tu destino y que todo lo que Dios quiera hacer contigo y a través de ti se convierta en la pasión de tu vida.

                        -Tom Carubba, *Pastor*
                          Hosanna World Changers Church
                          Browsnville, Texas

Prefacio

Cuando pienso en puentes, pienso en caminos que me llevarán a través de un área a la que de otra manera no podría llegar. Creo que hay muchos puentes en nuestras vidas que debemos cruzar en un momento dado. Si cruzamos, avanzaremos y veremos infinitas oportunidades. Si no cruzamos, nunca sabremos todo lo que estaba reservado para nosotros.

Ahora, no todos los puentes que debemos cruzar son naturales. Muchos de los puentes que un siervo de Dios debe cruzar serán, en su mayor parte, espirituales. De hecho, los puentes comienzan "en el espíritu" primero, y luego en lo natural.

Mi inspiración para escribir este manuscrito provino de la palabra que un hombre profético pronunció en mi vida en una conferencia profética de Morningstar en Fort Mills, SC, en mayo de 2019.

En el segundo día de nuestra conferencia de cuatro días, este anciano y siervo de Dios se me acercó y comenzó a profetizar sobre mi vida y ministerio. Mi único otro encuentro previo con este siervo fue en nuestra mesa del almuerzo el día anterior. Él y su esposa compartieron con mi amigo y conmigo, las grandes cosas que Dios había estado haciendo a lo largo de su ministerio.

Ambos parecían muy emocionados por todo lo que el Señor había hecho a lo largo de sus vidas en sus muchos años de servicio a Dios. Todo lo que puedo decir es que tenían un celo extremo por Dios, sin mencionar lo alentado que estaba por su devoción y hambre de hacer avanzar el Reino de Dios.

Mientras esperaba a que comenzara la sesión, se acercó a mí. Estas fueron sus palabras *"Se acerca el día en que verás aparecer puentes. Cuando los veas, te desafiarán a cruzarlos. No debes preocuparte por lo que dejas atrás, porque el Señor mismo se encargará de todo lo que dejes atrás. Tan pronto como cruce, entrará en nuevas oportunidades. ¡En ese momento, el puente que cruces desaparecerá!*

Mientras me profetizaba, sentí que mi corazón ardía. Sé que fue una oportunidad para que el Señor me preparara para entrar en una nueva vida y ministerio.

Prefacio

Desde esta Conferencia Profética en mayo de 2019, el Señor ha mantenido esta palabra profética muy cerca de mi corazón. No estoy seguro de a dónde va todo esto, pero una cosa sé con certeza: ¡Dios puede llevarme allí, si estoy dispuesto a ir!

El deseo de poner toda esta idea por escrito comenzó a agitarse en mi mente justo después de que me fue dada esa palabra profética específica. Es por esta razón que sentí fuertemente del Señor, revelar esta parte de Su corazón al cuerpo de Cristo, Su iglesia. Es con este motivo e intención pura que he asumido el desafío de escuchar Su voz y profetizar el corazón de Dios.

Sé que la mayoría de los creyentes están en un modo de transición constante. Siempre nos movemos hacia Dios y hacia nuestro destino. La mayoría de los desafíos que enfrentamos son el resultado de que cruzamos algún puente de oportunidad o no lo cruzamos.

¡Estamos donde estamos, porque ahí es donde decidimos estar!

- David Mayorga, *Autor*
McAllen, Texas

Introducción

Puentes ¿De Dónde Surge la Idea?

Antes de comenzar a desarrollar la perspectiva espiritual de este escrito, me gustaría compartir con ustedes algunos hechos muy importantes sobre la historia de los puentes.

Es muy interesante descubrir dónde se originó toda la idea de un puente, qué implica el proceso de construcción y cuál es su propósito. Creo que esta información nos permitirá establecer una conexión más profunda y nos dará una mayor apreciación del "por qué" necesitamos puentes espirituales en nuestras vidas.

La Historia de Los Puentes

Permítanme comenzar diciendo que el tema de los puentes y su historia es bastante simple pero al mismo tiempo profundo. Si bien la idea de construir un puente puede parecer algo simplista una vez que se domina, el resultado final y el propósito es lo que contiene la verdadera esencia de todo, haciendo de los puentes un avance notable en la historia.

Cuando comencé mi investigación, descubrí que los escalones fueron quizás el método más antiguo utilizado para cruzar un estanque de agua, un río o un arroyo. Los escalones se colocarían de tal manera que proporcionaran un puente para que las personas pudieran cruzar de un lugar a otro.

Aunque nadie sabe realmente dónde se originó la idea, los escalones, junto con los puentes hechos de troncos, fueron las formas más antiguas de cruzar cuerpos de agua. *("Glosario de términos de senderos y vías verdes". Programa de senderos del estado de Carolina del Sur. 2008. Consultado el 5 de enero de 2014).*

Junto con este tipo de puentes, el pueblo neolítico también construyó una forma de paseo marítimo a través de las marismas, que todavía existen en Inglaterra y tienen aproximadamente 6000 años de antigüedad. *(Brunning, Richard (febrero de 2001). ""Los niveles de Somerset"". Current Archaeology. XV (4) (172 (Número especial sobre los humedales): 139-143).*

Teniendo en cuenta estos hechos, es seguro decir

que los pueblos antiguos también usaban puentes de troncos que caen naturalmente o se colocan intencionalmente a través de arroyos. *(Conferencia de Parques Nacionales, Departamento del Interior (1915). Actas de la conferencia de Parques Nacionales celebrada en Berkeley, California el 11, 12 y 13 de marzo de 1915. Washington, DC: Government Printing Office. P. 60. Consultado en marzo 14, 2010).*

Ahora, los mayores constructores de puentes del pasado distante fueron los antiguos romanos. Los romanos construyeron puentes de arco y acueductos que podrían estar en condiciones que dañarían o destruirían diseños anteriores. Algunos todavía están en pie hoy. *("Historia de los Puentes". Historyworld.net. Archivado desde el original el 6 de enero de 2012. Obtenido el 4 de enero de 2012).*

En la historia de los puentes, ya sea que un puente se construyó de forma natural o intencional, si se usó para cruzar para visitar a un amigo o para atacar a un ejército en tiempo de guerra, el propósito de un puente sigue siendo: proporcionar un camino al otro lado.

Introducción

Esta es mi oración que haya podido vislumbrar qué es un puente, un poco de su historia y cómo abrirá un camino para nuestros destinos. Hay muchos ríos, valles, montañas y sí, muchos obstáculos aún por cruzar en nuestra vida.

Seremos desafiados una y otra vez a cruzar un lugar difícil. Si enfrentamos estos desafíos con un corazón receptivo a Su voluntad, veremos los puentes que Él crea en nuestras vidas para lograrlo.

Abra su corazón al Espíritu Santo e invítelo a que abra su entendimiento mientras estudia estas notas.

Creo que hay algunas cosas que el hombre no puede hacer sin el liderazgo del Espíritu Santo en su vida. Ahora, si nos encomendamos al Señor para que nos dirija, sin duda, creo que se abrirá un puente muy necesario para todos aquellos que lo estén buscando. Así que...

Da un paso hacia Él!

Capítulo 1

Los Puentes Proféticos Son más Que Un Camino, ¡Son Oportunidades!

Los puentes proféticos son más que un camino, ¡son oportunidades!

No pretendo ser un filósofo de ningún tipo, pero una cosa importante que he aprendido a lo largo de los años es esto: a menos que esté dispuesto a correr ciertos riesgos, es posible que no vea las posibilidades.

Correr riesgos puede ser un pensamiento muy aterrador. Muchos han decidido "quedarse", mientras que otros se han sumergido en grandes aventuras tomando riesgos. Muchos vieron un gran éxito y muchos experimentaron grandes fracasos.

Frederick Wilcox lo resume en su cita: "El progreso siempre implica riesgos. No se puede robar la segunda base y mantener el pie en primera".

¡Tomar Riesgos!

Capítulo 1

¿Qué significa la palabra riesgo?

Según el diccionario Webster, **riesgo** significa, 1: posibilidad de pérdida o lesión; 2: alguien o algo que crea o sugiere un peligro. ¡Arriesgarse en cualquier cosa significa entonces, correr el riesgo de perder algo! ¿Ves por qué la gente es tan lenta en representar los desafíos que se les presentan? ¿Ve por qué la gente tarda en moverse con lo que siente en su corazón?

Todo lo que vale algo, requiere primero un riesgo. ¡Se deben tomar riesgos para que la "puerta de la oportunidad" se abra!

Comenzar un negocio o un ministerio, solicitar un trabajo, aprender a nadar, unirse a un equipo de baloncesto, comprar un automóvil o una casa, casarse, comenzar una familia, hablar con alguien sobre el amor de Jesucristo - estos son algunos ejemplos de decisiones que nos hacen vulnerables al rechazo o algún tipo de riesgo. Sin embargo, uno debe correr un riesgo si alguna vez va a ver algún tipo de avance.

¡Viuda y Pobre!

[Jesús] se detuvo a observar y vio a los ricos que echaban sus ofrendas en las alcancías del templo. También vio a una viuda pobre que echaba dos moneditas de poco valor [monedas de cobre]. —Les aseguro —dijo— que esta viuda pobre ha echado más que todos los demás. Todos ellos dieron sus ofrendas de lo que les sobraba [su excedente]; pero ella, de su pobreza, echó todo lo que tenía para su sustento." (Lucas 21: 1-4)

Aquí hay una historia interesante que encontré mientras meditaba en la Palabra de Dios con respecto a exponerla sin reservas, arrepentimientos o retiros.

Ésta es la historia de una viuda pobre a la que Jesús tuvo que vigilar mientras llegaba el momento de dar la ofrenda en el templo. Lo primero que notó Jesús fue cómo los ricos depositaban sus ofrendas en el tesoro y al mismo tiempo, una viuda pobre se presentó con su ofrenda.

Estoy seguro de que para sorpresa de todos, Jesús elogió a la viuda por su ofrenda. **"Les aseguro — dijo — que esta viuda pobre ha echado más que todos los demás."**

¿Puedes imaginarte? Todos pensando y en esencia diciendo: "¡Jesús, vamos! ¿No viste la cantidad que pusieron los ricos? ¡Esa pobre viuda ni siquiera llega cerca a la cantidad que dieron los ricos!"

Dar de Nuestro Sobrante

Para sorpresa de todos, Jesús dijo: "**Todos ellos** [los ricos] **dieron sus ofrendas de lo que les sobraba** [su excedente], **pero ella, de su pobreza, echó todo lo que tenía para su sustento.**"

En la economía de Dios, realmente se trata del corazón. A Jesús no le impresionó la cantidad que dieron los ricos, no porque no fuera una buena cantidad. ¡Se conmovió porque sus corazones estaban reservados para dar en abundancia!

¡En el Bolsillo de Jesús!

Por otro lado, la viuda, "**echó todo lo que tenía para su sustento.**" En otras palabras Jesús notó que esta mujer realmente no tenía nada a qué aferrarse, excepto a Dios. ¿De qué le servían dos monedas en su poder en comparación con poner esas dos monedas en el bolsillo de Jesús?

El hombre espiritual siempre tendrá una razón más profunda para sacrificar su vida. ¡Asumir riesgos es realmente una cosa fácil de hacer cuando vislumbra hacia dónde se dirige!

Si le preguntáramos a la viuda: "¿Por qué te arriesgaste en dar todo lo que tienes?" Probablemente respondería algo como esto; "Lo di todo porque por dos centavos, puedo tener aliento libre, vida libre y una gran oportunidad para decirle a Dios que ¡Él es mi todo!"

¡Israel Tenía Que Tomar Una Decisión!

Cuando Moisés los envió a explorar la tierra de Canaán, les dijo: «Suban por el Néguev, hasta llegar a la montaña. Exploren el país, y fíjense cómo son sus habitantes, si son fuertes o débiles, muchos o pocos. Averigüen si la tierra en que viven es buena o mala, y si sus ciudades son abiertas o amuralladas. Examinen el terreno, y vean si es fértil o estéril, y si tiene árboles o no. ¡Adelante! Traigan algunos frutos del país». Esa era la temporada en que maduran

Capítulo 1

las primeras uvas. Los doce hombres se fueron y exploraron la tierra, desde el desierto de Zin hasta Rejob, cerca de Lebó Jamat. Subieron por el Néguev y llegaron a Hebrón, donde vivían Ajimán, Sesay y Talmay, descendientes de Anac. (Hebrón había sido fundada siete años antes que la ciudad egipcia de Zoán). Cuando llegaron al valle del arroyo Escol cortaron un sarmiento que tenía un solo racimo de uvas, y entre dos lo llevaron colgado de una vara. También cortaron granadas e higos. Por el racimo que estos israelitas cortaron, a ese lugar se le llamó Valle de Escol. Al cabo de cuarenta días los doce hombres regresaron de explorar aquella tierra. Volvieron a Cades, en el desierto de Parán, que era donde estaban Moisés, Aarón y toda la comunidad israelita, y les presentaron a todos ellos un informe, y les mostraron los frutos de esa tierra. Este fue el informe:

—Fuimos al país al que nos enviaste, ¡y por cierto que allí abundan la leche y la miel! Aquí pueden ver sus frutos. Pero el pueblo que allí habita es poderoso, y sus ciudades son enormes y están fortificadas. Hasta vimos anaquitas allí. Los amalecitas habitan el Néguev; los hititas, jebuseos y amorreos viven en la montaña, y los cananeos ocupan la zona costera

y la ribera del río Jordán. Caleb hizo callar al pueblo ante Moisés, y dijo:—Subamos a conquistar esa tierra. Estoy seguro de que podremos hacerlo. Pero los que habían ido con él respondieron:—No podremos combatir contra esa gente. ¡Son más fuertes que nosotros! Y comenzaron a esparcir entre los israelitas falsos rumores acerca de la tierra que habían explorado. Decían:—La tierra que hemos explorado se traga a sus habitantes, y los hombres que allí vimos son enormes. ¡Hasta vimos anaquitas! Comparados con ellos, parecíamos langostas, y así nos veían ellos a nosotros." (Números 13: 17-33)

Al tomar un riesgo, uno debe entender que es verdaderamente una forma de promover cualquier causa. El riesgo siempre ha sido cosa de fe. O lo cree en su hombre interior, o no lo cree.

En la historia de Israel avanzando hacia la Tierra Prometida, se requerían algunas cosas.

Para empezar, fueron desafiados a creer todo lo que Dios les había prometido. Evidentemente, esto no fue fácil para Israel. Pidieron que se enviaran espías y que "revisaran" la tierra para ver si todo lo que Dios había dicho era cierto acerca de esta Tierra Prometida.

Como puede imaginar, esto no le sentó bien al Señor. Después de que los espías publicaron el informe de sus hallazgos, el pueblo de Dios aún rechazó la idea de poseer la tierra que Dios prometió darles. No estaban dispuestos a arriesgar sus vidas, sus familias y sus posesiones por algo mayor. Debido a su falta de fe, estaban paralizados por lo que oían y veían con sus propios ojos.

La escritura dice que **"sin fe es imposible agradar a Dios"**. (Hebreos 11: 6) Si el elemento de la fe falta en nuestras vidas, terminaremos viviendo "vidas sin salida".

¿Qué debe hacer Dios cuando no nos préstamos a cumplir con las directivas que Él nos da? Israel tuvo que tomar una decisión y lo hicieron, ¡decidieron no cruzar en Su promesa! Como consecuencia, la muerte fue su porción.

Usted y yo seremos desafiados de la misma manera... **¡Demasiado Tímido, Demasiado Vergonzoso y Demasiado Inseguro!**

No estoy seguro de si mi crianza tiene algo que ver con mi timidez de joven, pero vaya, me costó mucho estar frente a la gente cuando era más joven.

En la escuela secundaria, cuando me pidieron que hiciera informes orales, ¡no lo hacía! En su lugar, tomaba un gran cero como mi calificación.

Cuando llegué al reino de Dios, recuerdo haber asistido a la Escuela Dominical. Recuerdo el momento en que mi maestro de escuela dominical me preguntó si estaría dispuesto a dar la clase el domingo siguiente porque Él se iba de la ciudad. ¡Estaba tan asustado con la idea de estar parado frente a la clase que tuve que inventar una mentira! Le dije al maestro de escuela dominical que *yo tambien*, iba a salir de la ciudad. ¿Puede creer eso? Estoy seguro de que Dios me ha perdonado por eso.

Un Puente de Oportunidad Para Mí.

A medida que crecía en las cosas del Señor, comencé a comprender más y más el valor de comprender los deseos, el corazon y el proposito de Dios.

Capítulo 1

Permítanme compartir una experiencia personal de un "puente" que se me apareció en 1990.

Mientras trabajaba en la planta de una fábrica, ya había sentido el llamado del Señor sobre mi vida. Mi pastor y yo ya nos habíamos reunido con el propósito de compartir mi sentimiento de querer entrar en el ministerio de tiempo completo y todo lo que me dijo fue: "¡Quédate en oración y espera el tiempo de Dios!"

Una noche, después del trabajo, mi pastor me llamó a casa. Me dijo: *"David, ¿todavía quieres entrar en el ministerio de tiempo completo?"* Había estado anticipando esta oportunidad, pero nunca pensé que llegaría de la forma en que lo hizo. "¡Por supuesto!" Le conteste.

Este fue el comienzo de un viaje con Dios que ha durado más de treinta años. ¿Sabía que las cosas resultarían así? ¡Absolutamente no!

¡Sin Arrepentimientos!

En retrospectiva, me alegro de que las cosas hayan sucedido como sucedieron. Me alegro de haber dado el paso cuando lo hice, cómo lo hice y cómo sucedió todo para mí.

Desde que di esos pasos de fe, he llegado a un lugar en mi propia vida al que creo que Dios me había destinado. Si no hubiera dado esos pasos, solo Dios conoce cuál hubiera sido el resultado.

He aprendido que las oportunidades realmente surgen cuando las estamos buscando. A medida que su corazón dé a conocer la solicitud (ya sea hablada o tácita), las cosas se pondrán en movimiento para usted. Es en este punto donde los puentes y caminos comienzan a aparecer ante ti.

Capítulo 2

Entendiendo Dónde Estás Ahora

Me gustaría abrir este capítulo enfocándonos en mirar nuestras vidas a la luz de un panorama más amplio: el panorama general de Dios para ti.

Con demasiada frecuencia, a lo largo del viaje de la vida, entramos en períodos de gran adversidad, del tipo que provoca confusión y nos deja con un corazón ansioso. ¿Es esto parte del plan de desarrollo de Dios? Estoy seguro de que hay algún teólogo o psicólogo inteligente que pueda tratar de explicar esto o darle algo de teoría, pero esto es lo que he aprendido: Cuando caminas con Dios, siempre es necesario un proceso de quebrantamiento para el propósito del resultado final de Dios en ti.

El Proceso Interior

"Les digo la verdad, el grano de trigo, a menos que sea sembrado en la tierra y muera, queda solo. Sin embargo, su muerte producirá muchos granos nuevos, una abundante cosecha de nuevas vidas." (San

Juan 12:24)

Una de las cosas que Jesús nos enseñó a todos fue este principio. Si no hay muerte para una semilla, entonces no habrá futuro para ella. Una semilla es el comienzo de una nueva oportunidad. Si se planta y cae al suelo, germinará y se romperá, produciendo nueva vida.

Tú y yo debemos pasar por el proceso de romper si queremos ver frutos. No habrá fruto a menos que la muerte ocupe primero el lugar que le corresponde.

Una vez que brota la semilla, no se sabe cuánto fruto se producirá y se multiplicará a partir de ella; ¡simplemente no se sabe todo lo que Dios puede hacer!

La Experiencia Interior

"Bendito sea el Dios y Padre de nuestro Señor Jesucristo, Padre de misericordias y Dios de toda consolación, el cual nos consuela en todas nuestras tribulaciones, para que podamos también nosotros consolar a los que están en cualquier tribulación, por medio de la consolación con que nosotros so-

Capítulo 2

mos consolados por Dios. Porque de la manera que abundan en nosotros las aflicciones de Cristo, así abunda también por el mismo Cristo nuestra consolación. Pero si somos atribulados, es para vuestra consolación y salvación; o si somos consolados, es para vuestra consolación y salvación, la cual se opera en el sufrir las mismas aflicciones que nosotros también padecemos." (2 Corintios 1:3-6)

Una vez que hayamos experimentado una "ruptura interior," cosecharemos el beneficio de experimentar el consuelo de Dios. ¡No hay otro sentimiento en este mundo que se le pueda comparar! Que Dios venga a través de Su Espíritu y nos enseñe de primera mano acerca de Su amor, compasión y consuelo, ¡tiene que ser el gozo supremo! Por cierto, esto sólo se puede sentir después del proceso de "ruptura interior".

Lo asombroso de esta experiencia no es solo que hemos recibido consuelo y cuidado, sino que, junto con esa experiencia, también hemos recibido la base para una verdadera expresión de Su naturaleza. En otras palabras, se ha desarrollado la base de un nuevo ministerio. Ahora estamos listos para dar lo que tenemos a alguien que lo necesite.

La Expresión Exterior

"Hermanos, quiero que sepan que, en realidad, lo que me ha pasado ha contribuido al avance del evangelio. Es más, se ha hecho evidente a toda la guardia del palacio y a todos los demás que estoy encadenado por causa de Cristo. Gracias a mis cadenas, ahora más que nunca la mayoría de los hermanos, confiados en el Señor, se han atrevido a anunciar sin temor la palabra de Dios." (Filipenses 1: 12-14)

Pablo dijo que lo que le había sucedido en realidad resultó ser algo bueno: ¡para progresar en el evangelio! Entonces, ¿qué le sucedió a Pablo? Fue arrestado y encarcelado. Esto definitivamente fue un puente para cruzar, pero ¿sabía Pablo que esto le esperaba? Probablemente no.

Realmente no creo que el hecho de que lo metieran en prisión realmente lo asustara. Pablo ya había muerto a sí mismo (Gálatas 2:20) y estaba muy lejos de intentar probarle algo a este mundo. Estaba dispuesto a morir por Cristo, como había dicho anteriormente. Escuche: "Al oír esto, nosotros y los de aquel lugar le rogamos a Pablo que no subiera a Jerusalén. —

Capítulo 2

¿Por qué lloran? ¡Me parten el alma! —Respondió Pablo—. **Por el nombre del Señor Jesús estoy dispuesto no solo a ser atado, sino también a morir en Jerusalén.**" (Hechos 21: 12-13)

Todo el quebrantamiento que tuvo lugar en la vida de Pablo, no solo lo fortaleció por dentro, sino que también le dio valor y un mensaje ardiente para acompañarlo, de modo que el evangelio pudiera avanzar dondequiera que fuera.

Algunos puentes no son tan bonitos y prometedores como podría pensar. Es posible que se vean de esa manera, pero cuando comience a cruzar, es posible que se estremezca hasta la médula.

Lo Bueno, Lo Malo y Lo Feo

Estoy casi seguro de que han sucedido muchas cosas en su vida. Algunas cosas han sido geniales, algunas cosas han sido excepcionalmente asombrosas; sin embargo, algunas cosas pueden haber sido feas y negativas en su vida y desea olvidarlas.

He escuchado a personas que estaban en gran presión

o angustia decir: "¡Ojalá pudiera olvidar esta parte o capítulo de mi vida!" Otros han dicho: "Ojalá esto nunca hubiera sucedido". De esta forma podemos decir que, hay muchas experiencias que han contribuido a nuestro crecimiento y desarrollo, ya sean buenas o malas, nos han enseñado mucho.

Tu Pasado Puede Traer Luz

A pesar de todo lo que hemos aprendido hasta ahora, todavía queda mucho por "conocer."

A la vista de lo que el pasado me ha enseñado, hasta cierto punto, me revela dónde estoy hoy. Una de las cosas que me aporta comprensión es hacerme la pregunta: "¿Dónde estaba antes de que llegara la oportunidad?" ¿Estaba satisfecho? ¿Estaba satisfecho con mi estado actual? La respuesta probablemente sería "¡No!"

Verá, nuestro pasado era un lugar al que habíamos llegado basándonos en nuestras decisiones tomadas anteriormente. Entonces, es seguro decir que hemos estado en un viaje hacia una mayor satisfacción en todo lo que Dios ha diseñado dentro de nosotros.

Capítulo 2

Realmente puedo decir que mi pasado y todas las decisiones que he tomado afectaron y están afectando mi estado actual.

¿Hay más para mí? ¡Absolutamente!

Sabiendo que mi corazón es la casa de Dios, siempre tengo ante mí una imagen continua de mi destino. Lo que estoy viviendo ahora es solo el resultado de puentes que he cruzado a lo largo de mi vida.

¡Tu Futuro Está Envuelto en Él!

"Porque yo sé los pensamientos que tengo acerca de vosotros, dice Jehová, pensamientos de paz, y no de mal, para daros el fin que esperáis." (Jeremías 29:11)

Debido a que Dios nos ha dado una esperanza y un futuro, ¡estamos posicionados para la grandeza en Él! ¡Nadie que confíe en el Señor necesita volver a preocuparse por su futuro!

Siempre podemos saber con certeza que el Señor mismo nos revelará Su plan; y su plan siempre será llevarnos a un lugar donde seremos enriquecidos y bendecidos por él. De esto, estoy seguro.

Cada camino, cada puerta o puente al que el Señor nos lleve, siempre tendrá el propósito de llevarnos a una mayor plenitud de Su destino. Nuestra vida se volverá cada vez más y más brillante a medida que le permitimos que nos guíe.

Los Errores: Los Mejores Maestros de La Vida

Antes de cerrar este capítulo, quiero asegurarle que está en el camino correcto. Solo porque las cosas no han salido como usted deseaba, créame, está en el camino hacia la grandeza.

Es muy fácil descartar la voluntad de Dios en tu vida debido a las circunstancias, obstáculos e incluso errores cruciales. Permítame decirle un poco más sobre esto...

Cuando hablamos de cometer errores en la vida, casi podemos apostar a que todo ser humano ha sentido el dolor de "errar el blanco" en un momento u otro.

A lo largo de los años, he tenido el privilegio de conocer a algunas de las mejores personas de la zona. No son celebridades, no son súper estrellas, no son ganadores del Premio Nobel de la Paz; resultan ser ciudadanos comunes que se aventuran a diario a hacer que suceda la "vida". ¡Todos persiguen sus sueños de la mejor manera posible! Para mí, esto es admirable.

Ahora, es importante saber que todos ellos se han equivocado. Algunos errores fueron graves y extremadamente consecuentes; otros errores fueron fáciles de superar, mientras que otros errores se han mantenido durante años y, en algunos casos, durante generaciones.

La Mentalidad de Los Que Cruzan Puentes

Por feo y doloroso que pueda parecer un error, es solo cuestión de tiempo que se convierta en un puente lleno de innumerables oportunidades. El único requisito es que uno necesita aferrarse a la misericordia y confiar en el Señor con el proceso.

Las personas que han cruzado innumerables puentes, conocen demasiado bien el proceso que conlleva. A pesar de la incertidumbre que podría llenar sus corazones, ¡saben con certeza que un puente está a punto de aparecer!

Estás donde estás ahora debido a todo lo que ha sucedido en tu vida, incluidos los errores. ¡No descarte sus experiencias en la vida, especialmente las negativas! Aprenda a reconocer lo que le ha traído hasta aquí ahora.

Capítulo 3

Abraham:
Un Puente Para La Creación de Una Nación

"La fe - es, pues, la fe la certeza de lo que se espera, la convicción de lo que no se ve." (Hebreos 11:1)

En mi experiencia caminando con el Señor, he llegado a comprender muchas cosas relacionadas con dar "pasos de fe."

Los pasos de la fe no son pasos tomados con imprudencia, No, los pasos de fe son pasos estratégicos que se toman en la dirección de Dios. Es cuando uno escucha al Señor y se mueve por mandato del Señor. Este sería un camino de fe.

Ahora, a muchas personas les gusta el sensacionalismo y hablan de dar pasos de fe a pesar de que Dios no ha hablado. Es casi un "acertar y fallar." Ellos dicen *"Dios me dijo que hiciera esto hermano."* Después de un tiempo, nunca recibes noticias de ellos y te dejan preguntándote... ¿Qué pasó con esa "palabra", esa "profecía"?

La verdad es que la gente no se movía por fe, ¡Allí no había puente! Hicieron de su "fe" algo carnal. Fue mental (en el ámbito metafísico). Esto sucede con frecuencia.

Tenemos muchos diciendo que Dios dijo esto y aquello, ¡pero su fruto muestra que no era verdad!

Permítanme arrojar algo de luz sobre lo que realmente significa hacer de la voz de Dios un puente para nosotros. Sin este puente es imposible cruzar al "fin del deseo" de Dios para nosotros. Les mostraré esta verdad usando varios ejemplos tanto del Antiguo como del Nuevo Testamento.

Abraham: Un Puente Para la Creación de Una Nación.

El Señor le dijo a Abram: «Deja tu tierra, tus parientes y la casa de tu padre, y vete a la tierra que te mostraré.
»Haré de ti una nación grande,
Y te bendeciré;
Haré famoso tu nombre,
Y serás una bendición.

Capítulo 3

Bendeciré a los que te bendigan
Y maldeciré a los que te maldigan;
¡Por medio de ti serán bendecidas
Todas las familias de la tierra!»
Abram partió, tal como el Señor se lo había ordenado..." (Génesis 12: 1-4)

Al estudiar la vida de Abraham, descubrí que Abraham era un hombre que podía escuchar a Dios. Ahora, ¿sabía Abraham lo que Dios le pediría? Yo creo que no. Esto nos lleva a la idea de que Dios a menudo revela sus intenciones a las personas que están dispuestas a escucharlo.

En la mente y el corazón de Abraham por lo que leemos, no parece haber ninguna intención de que se mueva a ninguna parte. Ni a otro barrio, ni a otro pueblo y mucho menos a otra nación.

Naturalmente, la mayoría de las personas tiende a establecerse donde están y lo más probable es que tengan muy pocas ganas de hacer grandes cambios. Y así, con demasiada frecuencia, las personas se contentan con ellas mismas y hacen que su situación actual funcione para ellas.

Creo que Abraham estaba bastante contento. Yo creo que Abraham no tenía deseos de ir a ningún lado y mucho menos llevar todas sus pertenencias a otro lugar. ¿Se puede imaginar esta mudanza y a él llevando todas sus pertenencias? ¿Y para qué? ¿Y a dónde? ¿Y por qué? ¿Y por cuánto tiempo?

Las cosas no parecían estar cambiando para Abraham y su familia hasta que la voz de Dios vino y le reveló la intención de Dios a Abraham.

Quiero que piense un poco en esto.

Por Qué Nuestras Vidas Son Cómodas

Realmente nunca hay un deseo de ir a ningún lado o hacer algo que no esté en nuestra agenda diaria, a menos que nuestros ojos vean algo, o nuestros oídos escuchen un cierto sonido, entonces, ahí nuestro interés se despierta.

Al cruzar un puente, lo solemos hacer cuando estamos conduciendo por alguna carretera cruzando un océano, una cordillera o un valle profundo. Lo que estoy diciendo es que solo cruzamos puentes por necesidad, no porque nos guste hacerlo.

Nuestra motivación para cruzar un puente no suele ser la experiencia de cruzar un puente, sino llegar a nuestro lugar de destino.

En el caso de Abraham, la motivación vino desde arriba. Dios se encontró con Abraham y le dijo: **"Sal de tu tierra..."**

El puente vino de arriba, de la voz de Jehová Dios.

Básicamente, en esencia, Dios le dijo a Abraham: *"Te llevaré a un lugar donde haré de ti una nación. Sé que no lo sabes, pero te lo estoy diciendo. Mis palabras formarán un puente debajo de tus pies. Caminarás en mis palabras y llegarás a ese lugar que deseo y necesito que seas Abraham. Yo me ocuparé de todos los detalles, solo camina en mis palabras."*

Solía preguntarme por qué la gente no se siente motivada para seguir adelante con sus vidas, sus carreras, sus negocios, etc. ¡Creo que, con demasiada frecuencia, las personas no tienen un puente sobre el cual caminar!

La Intencion de Dios

A medida que el Señor se mueve en nuestras vidas, muy pocos siervos de Dios son conscientes de Su intención. Creo que todo lo que Dios hace es intencional. Cada palabra, cada acción, cada pequeña cosa que nos sucede, es parte o incluso la clave de nuestra alineación con Dios. Ser invitado por el Espíritu del Señor a "salir" de nuestro tierra, no es cosa de risa. De hecho, lo que realmente está sucediendo es que Dios está "impulsando" Su agenda sobre la humanidad a través de ti. ¡Debería sentirse honrado por un llamado tan elevado en Dios!

¡Apropiandolo Por Fe!

En la construcción de este puente que Dios diseñó para que Abraham tomara una decisión. Él debe apropiarse de estas palabras por fe. Es sólo a través de la fe de Dios que se produciría el movimiento. Verás, las ideas terrenales generalmente no tienen el poder o ni siquiera la emoción necesaria para hacer tales saltos de fe.

¿Cuántas personas conoces que dijeron: "Dios me

dijo que me moviera por fe"? Sin embargo, cuando finalmente se movieron, las cosas no funcionaron. ¿Por qué no? ¡Porque no era la Fe de Dios! Era una fe metafísica (anímica).

El simple deseo no va a ser suficiente. Confesar algo que Dios nunca habló en su espíritu, ¡no lo logrará! Usted puede *confesar* todo lo que quiera, ¡pero no verá la mano de Dios!

Para terminar este relato acerca del desafío de Abraham, una cosa que sé, y que he visto es lo siguiente: una vez que las palabras de Dios salgan, ¡Puede confiar en que se ha tendido un puente debajo de sus pies!

¡Dios seguirá construyéndolo mientras usted siga caminando sobre él! ¿No es este un pensamiento fenomenal?

Capítulo 4

Noe: El Constructor de Puentes de Dios Para Generaciones Que Están Por Nacer

"Esta es la historia de Noé. Noé era un hombre justo y honrado entre su gente. Siempre anduvo fielmente con Dios. Tuvo tres hijos: Sem, Cam y Jafet. Pero Dios vio que la tierra estaba corrompida y llena de violencia. Al ver Dios tanta corrupción en la tierra, y tanta perversión en la gente, le dijo a Noé: «He decidido acabar con toda la gente, pues por causa de ella la tierra está llena de violencia. Así que voy a destruir a la gente junto con la tierra. Constrúyete un arca de madera resinosa, hazle compartimentos, y cúbrela con brea por dentro y por fuera. dale las siguientes medidas: ciento cuarenta metros de largo, veintitrés de ancho y catorce de alto. Hazla de tres pisos, con una abertura a medio metro del techo y con una puerta en uno de sus costados. Porque voy a enviar un diluvio sobre la tierra, para destruir a todos los seres vivientes bajo el cielo. Todo lo que existe en la tierra morirá. Pero contigo estableceré mi pacto, y entrarán en el arca tú y tus hijos, tu esposa y tus nueras. Haz que entre en el arca una pareja de todos los seres vivientes, es decir, un macho y una hembra de cada especie, para que sobrevivan contigo. Contigo entrará también una pareja de cada especie de aves, de ganado y de reptiles, para que puedan sobrevivir. Recoge además toda clase de alimento, y almacénalo, para que a ti y a ellos les sirva de comida». Y Noé hizo todo según lo que Dios le había mandado" (Génesis 6:9-9:17)

Como parte del tema: *La Voz de Dios es un Puente Profético para Ti,* yo quiero continuar señalando las diferentes formas en las que Dios nos lleva (formando un puente) de un punto a otro; de una idea a otra y así sucesivamente.

Quiero llevarlos ahora a una poderosa revelación que Noé tuvo durante un momento muy crucial en la historia de la humanidad.

Aparentemente, la humanidad realmente se había vuelto muy malvada e indiferente hacia Dios. Escuche esto: **"Y se corrompió la tierra delante de Dios, y estaba la tierra llena de violencia. Y miró Dios la tierra, y he aquí que estaba corrompida; porque toda carne había corrompido su camino sobre la tierra..."** Según lo que leemos aquí, ¿Qué crees que se suponía que Dios debía hacer con semejante lío? La respuesta podría sorprenderte y, de nuevo, tal vez no.

Es obvio ver que a Dios no le gustó cómo el hombre se apartó de Él y siguió sus propios instintos y deseos. Esto llevó al hombre a un estilo de vida de violencia, **"Dijo, pues, Dios a Noé: He decidido el fin de todo ser, porque la tierra está llena de violencia a causa de ellos; y he aquí que yo los destruiré con la tierra."**

Permítanme agregar un punto interesante aquí: Cuando se permite que el hombre se ocupe de la vida a su manera [su propia fuerza, su propia forma de pensar, su propia forma de procesar la vida y su propia fuerza de voluntad], ¡Él Logra destruirla en muy poco tiempo!

¿No es de extrañar por qué la gente está rota y hecha añicos a nuestro alrededor? Solamente es algo para reflexionar . . .

¡Sigamos adelante!

Dios Buscó Un Hombre

Capítulo 4

Después de que Dios tomó una decisión sobre lo que estaba a punto de hacer en la tierra, buscó a un hombre que pudiera llevar a cabo esta idea.

Como suele suceder con Dios, Él no hará nada sin que sus profetas o sus siervos sepan lo que está a punto de hacer en la tierra (ver Amós 3: 7). ¡Él siempre comparte Su corazón con aquellos que se preocupan por escucharle!

Entonces, el Señor encontró a un hombre llamado Noé. Noé fue el hombre en el que Dios se complació y le confió plenamente esta revelación y, por lo tanto, le dio el puente para salvar a la humanidad. Este puente vino por revelación directa del Señor, y Dios le reveló toda esta idea a Noé.

Es el Plano de Dios: ¡Un Puente "Detallado"!

"Construyete un arca de madera resinosa hazle compartimentos, y cúbrela con brea por dentro y por fuera. Dale las siguientes medidas: ciento cuarenta metros de largo, veintitrés de ancho y catorce de alto. Hazla de tres pisos, con una abertura a medio metro[c] del techo y con una puerta en uno de sus costados. Porque voy a enviar un diluvio sobre la tierra, para destruir a todos los seres vivientes bajo el cielo." (Génesis 6 14)

Una de las cosas más interesantes que Dios hace cuando comparte Su corazón, es cómo detalla lo que desea que se construya.

En el caso de esta revelación, el Señor le revela a Noé un arca. Dios instruye a Noé con detalles. Él le da los materiales para usar, el tamaño de esta arca única y exactamente qué hacer después de que esté terminada. Increíble, ¿no?

En todo momento tenga en cuenta, que si el Señor tiene un puente que necesita construir, El siempre proporcionará los detalles para ello. Es lo mismo en nuestro caminar diario con el Espíritu Santo. El Espíritu es la mente de Dios y vendrá y revelará todas las intenciones de Dios y cómo lograrlas.

La Actitud de Noé: ¡Rápido Para Escuchar y Rápido Para Obedecer!

"Por la fe Noé, cuando fue advertido por Dios acerca

de cosas que aún no se veían, con temor preparó elarca en que su casa se salvase." (Hebreos 11: 7)

¿Cuál es la postura que se debe tomar después de recibir una revelación del Señor? Una vez que escuchamos a Dios, y Él nos muestra un "puente" para construir, ¿Cuál debería ser nuestra actitud? Quiero decir, ¿Deberíamos ser diligentes con eso? ¿Deberíamos tomarlo en serio? ¿Qué tanta importancia debemos darle a eso? ¿Podemos darnos el lujo de perder el tiempo y "arrastrar los pies" hasta que el reino venga? ¡De ninguna manera!

¡Creo que la regla general para seguir las instrucciones del Señor siempre debe ser, rápido para escucharlo y rápido para obedecerlo!

En el libro de Hebreos, las Escrituras nos muestran una imagen de cómo se veía justo después de que Noé recibió esta revelación del Señor. La Escritura dice que Noé, **"Por la fe Noé, habiendo sido advertido por Dios acerca de cosas que aún no se veían, con temor preparó el arca..."**

¡La Construcción De Puentes Requiere Acción!

Después de que Noé oyó a Dios, hizo dos cosas: él (Noé) se movió con temor piadoso (esto es interno) y luego preparó un arca (esto es externo).

La palabra *movió* en hebreo significa que Noé mostró un respeto apropiado a Dios. En otras palabras, Noé no ignoró, faltó al respeto, deshonró, descuidó o ignoró la instrucción del Señor.

Luego procedió a preparar un arca. La palabra *preparar* en hebreo significa "construir usando materiales y / o partes".

¡Arruinado Para Lo Ordinario!

Verá, una vez que un hombre se conmueve por dentro; una vez que un hombre vislumbra "la imagen" dentro de su propio corazón, se arruinará para una vida ordinaria. ¡Nunca volverá a ser el mismo!

¿Usted cree que Noé después de que Dios le habló sobre esta arca, volvió a un estilo de vida normal? ¿Cree que simplemente fingió no escuchar o ver esta "imagen en su corazón"? Yo creo que no.

Capítulo 4

De hecho, ¡sé que Noé nunca fue el mismo! Después de escuchar al Señor, dice la Escritura, **"se movió con temor piadoso y preparó un arca"**.

¡Que la sabiduría escrita aquí impacte a las generaciones que están por nacer! Selah.

Capítulo 5

Josué: Haciendo un Puente Para Conquistar Lo Imposible

"Ahora, Jericó estaba cerrada, bien cerrada, a causa de los hijos de Israel; nadie entraba ni salía. Mas Jehová dijo a Josué: Mira, yo he entregado en tu mano a Jericó y a su rey, con sus varones de guerra. Rodearéis, pues, la ciudad todos los hombres de guerra, yendo alrededor de la ciudad una vez; y esto haréis durante seis días. Y siete sacerdotes llevarán siete bocinas de cuernos de carnero delante del arca; y al séptimo día daréis siete vueltas a la ciudad, y los sacerdotes tocarán las bocinas. Y cuando toquen prolongadamente el cuerno de carnero, así que oigáis el sonido de la bocina, todo el pueblo gritará a gran voz, y el muro de la ciudad caerá; entonces subirá el pueblo, cada uno derecho hacia adelante." (Josué 6:1-5)

A medida que los hijos de Israel comenzaran a abrirse camino hacia su Tierra Prometida, las cosas no iban a ser fáciles; ellos tendrían que luchar por todo lo que Dios les había prometido. Así que su primer desafío

Capítulo 5

llegó cuando se enfrentaron a la ciudad de Jericó

Ahora bien, la ciudad de Jericó era una ciudad antigua y estaba muy bien custodiada. Como dice la Escritura, "**Jericó fue cerrada con seguridad a causa de los hijos de Israel; nadie salió ni entró**". En lo natural, esto podría ser una gran misión para Israel; de hecho, Israel no tenía forma de atravesar y destruir Jericó, a menos que... ¡a menos que Dios interviniera!

Se Necesita De Dios

Creo que en la mayoría de las situaciones en las que Dios quiere dar a conocer Su Nombre, hará algo extraordinario. Hará algo de la nada; Él llamará a aquellas cosas que no son, ¡como si lo fueran! ¡No tiene limitaciones en lo que puede hacer o hará por nosotros! Solo puedo imaginar lo que pasaba por la mente de Josué mientras se acercaba a la ciudad de Jericó. Probablemente vio las murallas y se preguntó... ¿Cómo podría derribar esta ciudad?

Las palabras: "**¡Mira! He entregado a Jericó en tu mano, a su rey, con sus varones de guerra.**" seguían resonando en su oído y en su corazón. Entonces, mientras escucha las palabras de Dios, Josué también mira las paredes. ¿Logra ver o entiende lo que estoy diciendo?

Una voz de duda entraba y luego la voz de Dios llegaba apresuradamente. Creo que esta conversación en su cabeza fue de ida y vuelta durante algún tiempo. Hasta que entró la "instrucción"; hasta la revelación de cómo toda esta ciudad sería destruida.

Dios comienza a instruir a Josué y le muestra cómo se construiría este "puente en particular" para conquistar la ciudad de Jericó.

¿Por Qué Dios Nos Muestra Lo "Imposible" Primero?

En mi caminar con el Señor, siempre he notado cómo es esto, Dios siempre nos muestra la parte "imposible" de un desafío primero. Nos hace ver la dificultad y el reto de cómo se llevará a cabo. ¿Por qué? Creo que esto sucede porque Dios quiere que veamos cuán débiles y frágiles somos realmente sin Él. ¡Quiere que reconozcamos que sin Él no podemos hacer nada!

Este es uno de los secretos que he aprendido al caminar con Dios: cuando vemos con nuestros ojos naturales la "hazaña imposible" y rápidamente nos volvemos a Dios y le decimos: "¿Cómo se supone que voy a hacer esto con lo que tengo a mano?" ¡Señor, sabes muy bien que no tengo fuerzas para hacer esto! "Es aquí cuando el Señor interviene y libera Su gran poder sobre nosotros, dentro de ti o donde sea que se necesite ¡Su gracia para hacer la "cosa"!

Ver las "imposibilidades" no se nos muestra para que podamos huir, rendirnos o simplemente decir, "¡olvídalo!" ¡No, no, no! Él nos muestra esto para que podamos reconocer nuestra debilidad primero y luego Su fuerza en nosotros y a través de nosotros. Esta es la verdadera prueba.

¡La Prueba!

Él probó a Felipe cuando alimentaban a la gente, solo escuche: "Faltaba muy poco tiempo para la fiesta judía de la Pascua. Cuando Jesús alzó la vista y vio una gran multitud que venía hacia él, le dijo a Felipe: — ¿Dónde vamos a comprar pan para que coma esta gente? Esto lo dijo solo para ponerlo a prueba, porque él ya sabía lo que iba a hacer. —Ni

con el salario de ocho meses[a] podríamos comprar suficiente pan para darle un pedazo a cada uno — respondió Felipe." (San Juan 6:4-7)

Lo asombroso de Dios es que Él ya sabe lo que va a hacer en cualquier situación. Él sabe exactamente cómo provocarnos a ejercitar nuestra fe y confianza; el Señor sabe a quién preguntar y por qué le pregunta a esa persona en particular.

Al parecer, Felipe sabía contar. Esto es lo que sabemos de este hombre. Cuando se le pidió que alimentara a las multitudes, rápidamente dijo: ¡No tenemos suficiente! Esta es la respuesta del hombre natural casi siempre, cuando se enfrenta a una situación difícil o una circunstancia adversa.

Dios Es Espíritu

Todo lo que Dios hable a nuestro corazón debe ser comprendido espiritualmente. Uno no puede escuchar palabras espirituales y tratar de "sumarlas" en lo natural. No funcionará.

El realmo del Espíritu es un mundo diferente. ¡Dios

vive allí! A menos que nos elevemos a este realmo (al reino de los cielos), de ninguna manera seremos capaces de ver, comprender, capturar o dar sentido a las intenciones de Dios.

Josué tenía que escuchar a Dios, creer en Dios al pie de la letra y, por fe, llevarse a sí mismo y a su ejército a ese lugar. ¿Qué lugar es ese? El lugar de la obediencia a la instrucción de Dios. El hecho de haber escuchado la instrucción de Dios no lo calificó; Fue el acto de obediencia a esas instrucciones lo que le llevó a la victoria.

El puente se hará y se formará cuando demos pasos de obediencia a lo que Dios nos está instruyendo que hagamos. ¡Siempre!

Capítulo 6

Pedro: Un Puente Para Cruzar

En mi esfuerzo por revelar el tema de este título y continuar desarrollando el mensaje de este libro, a menudo me preguntaba por qué solo algunas personas pueden ver lo milagroso en sus vidas. ¿Por qué parece que algunos que caminan con Dios experimentan encuentros sobrenaturales y otros aún no han experimentado siquiera uno?

Mi única suposición sería que aquellos que ven lo sobrenatural con más frecuencia, lo hacen porque Dios quiere que reconozcan Su asombroso poder. Lo que quiero decir con esto es que, a algunas personas se les han dado llaves para abrir puertas que tienen efectos consecuentes que impactan a otros fuera de su círculo inmediato de influencia, mientras que otros nunca ven este lado de Dios.

Creo que si Dios no nos muestra Su poder, ¡nunca veremos la plenitud y la capacidad de Dios para hacer más allá de lo que podemos pensar o imaginar! Por eso, el Señor elige revelar Su poder a quienes lo buscan.

Ahora Sobre Pedro

Cuando pienso en un personaje bíblico importante, me viene a la mente el nombre del apóstol Pedro. Su vida está llena de todo tipo de extremidades.

Pedro es uno de los discípulos sobre los que he leído, que responde una pregunta o hace un comentario cuando nadie le pregunta nada. Sin embargo, en toda su locura humana, Pedro se convertiría en uno de los discípulos más grandes que Jesús haya educado. Durante tres años, Pedro caminó con Jesús y aprendió los caminos del Maestro.

En algunos casos, Pedro lo consiguió; en otros, ¡Pedro lo estropeó! ¿No le suena mucho como a usted y a mí?

Cuando comencé a estudiar la vida de Pedro, descubrí que su vida estaba llena de muchos puentes. Todos los puentes que veo en las Escrituras con respecto a Pedro, fueron muy cruciales ya que Jesús nuestro Señor estaba haciendo la historia.

Sin que él lo supiera, Pedro estaba haciendo historia y estableciendo un patrón de lo que se suponía que era un verdadero discípulo con los pies en la tierra. Su vida, ejemplificando lo bueno, lo malo y lo feo, dejó lecciones asombrosas para todos los que seguiríamos a Jesús en las generaciones venideras.

En los hermosos evangelios y en el libro de los Hechos, usted y yo hemos recibido un manual que registra la vida y el ministerio del apóstol Pedro. Su obediencia, su desobediencia, su impaciencia, su orgullo, su investidura de poder, la predicación y su testimonio de las señales y maravillas realizadas únicamente por su sombra, se registran aquí y se dejan para nuestra instrucción.

¡Los Cruces De Puentes Esenciales De Pedro!

Uno de los primeros puentes que creo que Pedro cruzó fue cuando Jesús le pidió que siguiera Su ministerio. La Escritura dice: **"Andando Jesús junto al mar de Galilea, vio a dos hermanos, Simón, llamado Pedro, y Andrés su hermano, que echaban la red en el mar; porque eran pescadores. Y les dijo: Venid en pos de mí, y os haré pescadores de hombres. Ellos entonc-**

Capítulo 6

es, dejando al instante las redes, le siguieron." (San Mateo 4:18)

Siguiendo a Jesús sin saber quién era Jesús en ese momento, ¿incluso saber si Jesucristo era el Mesías o no? Tuvo que haber sido la cosa más loca que alguien pudiera hacer. ¡Cómo no habría manera de averiguarlo de inmediato, a menos que el Espíritu del Señor hubiera preparado el corazón de Pedro de antemano!

No me malinterprete, esto podría ser muy posible; y creo que tuvo que haber habido alguna intervención del Señor tanto en la selección de los discípulos de Cristo como en que ellos respondieran en consecuencia.

1. Cruzando el Puente de la Incertidumbre.

En toda esta toma de decisiones, Pedro todavía tenía que cruzar el puente de la incertidumbre. No podía detenerse mucho tiempo pensando si esto era lo que significaba "seguir a Dios". Me atrevería a decir que tuvo que haber habido algún movimiento de Dios o conmoción en el corazón de Pedro con respecto a esta situación.

La única razón por la que sugiero que ya había algo de previsión en esto, fue porque justo después de que Jesús extendió Su invitación, la Escritura dice: **"Inmediatamente dejaron sus redes y lo siguieron."** (San Mateo 4:20.) La palabra *inmediatamente* en el griego original significa *"sin demora ni vacilación; sin tiempo para intervenir."*

Pedro y su hermano Andrés aprovecharon esta oportunidad para seguir al Rey de Gloria; y como declara la Escritura, ¡lo hicieron sin demora ni vacilación!

La razón por la que llamé a esto el puente de la incertidumbre es porque en la vida habrá muchos puentes que desafiarán nuestra fe. Seremos llamados a seguir ciegamente, por así decirlo. No saber si estamos haciendo lo correcto al cruzar un puente siempre será el verdadero desafío para las personas de fe. ¿Es el Mesías o no? ¿Podemos confiarle nuestro futuro? ¿Nos llevará al otro lado? Estas y muchas más preguntas bombardearán nuestro proceso de pensamiento mientras intentamos tomar la mejor decisión. Mis queridos amigos, el secreto para decir "sí" a Jesús radica en la revelación en lo profundo de su corazón. ¡Búscalo!

Capítulo 6

2. ¡Cruzando una Carretera Sobrenatural!

"En la madrugada, Jesús se acercó a ellos caminando sobre el lago. Cuando los discípulos lo vieron caminando sobre el agua, quedaron aterrados. — ¡Es un fantasma! —gritaron de miedo. Pero Jesús les dijo en seguida: — ¡Cálmense! Soy yo. No tengan miedo. —Señor, si eres tú —respondió Pedro—, mándame que vaya a ti sobre el agua. —Ven —dijo Jesús. Pedro bajó de la barca y caminó sobre el agua en dirección a Jesús." (San Mateo 14: 25-29)

Otro desafío que enfrentaremos muchos de nosotros, es el cruce de una carretera sobrenatural. ¿Qué es una carretera sobrenatural? Llamo carretera sobrenatural a todo lo que desafía el estándar o la lógica humana y aturde el sentido común.

Este tipo de puentes no tienen principio ni fin. En realidad, estos puentes ni siquiera son naturales, son totalmente sobrenaturales. ¡El Señor hace que estos puentes aparezcan al poner confianza y fe en Su palabra profética hablada! En la medida en que escuche y obedezca en el Espíritu, sera el grado en que se solidifica o endurece bajo sus pies una plataforma sobre la cual pararse!

Mi otra pregunta sería: "¿Por qué Dios nos permite experimentar caminos sobrenaturales en nuestras vidas? Mi respuesta sería obvia: El Señor desea llevarnos por este camino sobrenatural no solo para manifestar Su gloria a los espectadores, sino también para agilizar su obra a través de sus siervos.

¿Pasarás por esta carretera sobrenatural cuando se presente? ¡El Señor puede pedirle que cruce un puente similar solo para demostrarle que Él es el Todopoderoso! ¿Irá cuando el Señor le diga "ven"?

3. ¡Cruzando Puentes Que Te Invitan a un Reino Más Profundo!

"Seis días después, Jesús tomó consigo a Pedro, a Jacobo y a Juan, el hermano de Jacobo, y los llevó aparte, a una montaña alta. Allí se transfiguró en presencia de ellos; su rostro resplandeció como el sol, y su ropa se volvió blanca como la luz. En esto, se les aparecieron Moisés y Elías conversando con Jesús." (San Mateo 17:1-3)

Capítulo 6

También pueden surgir puentes en formas en las que el Señor nos invite a acompañarlo. A dónde vamos, o exactamente a dónde nos lleva Él, puede que no esté muy claro.

En el caso del apóstol Pedro, Jesús lo invitó a él y a otros dos a subir a una montaña alta; fue aquí donde Cristo se transfiguró ante Pedro, Santiago y Juan. La palabra de Dios dice que Cristo se transfiguró literalmente ante ellos y **"Su rostro resplandeció como el sol, y Su ropa se volvió blanca como la luz"** ¿Se imagina esta maravillosa vista?

Me viene a la mente una pregunta: ¿Por qué Jesús no se transfiguró en el templo, al pie de la montaña o incluso en la casa de Marta y María? ¿Por qué no invitó Jesús a toda una multitud a verlo hacer esta manifestación poderosa y celestial? ¿Por qué hizo esto solo frente a tres de sus discípulos?

Creo que este tipo de eventos solo suceden por invitación, y la persona que ve la oportunidad de entrar en algo más grande, ¡vendrá! ¡La fe siempre será recompensada cuando se haga con un motivo puro!

4. ¡Cruzando Los Puentes Que Nos Desafían a Permanecer Fieles a Dios!"

"Mientras tanto, Simón Pedro seguía de pie, calentándose. — ¿No eres tú también uno de sus discípulos? —le preguntaron. —No lo soy —dijo Pedro, negándolo. — ¿Acaso no te vi en el huerto con él? —insistió uno de los siervos del sumo sacerdote, pariente de aquel a quien Pedro le había cortado la oreja. Pedro volvió a negarlo, y en ese instante cantó el gallo." (San Juan 18: 25-27)

En el camino de la fe, también se encontrarán puentes hacia la regresión. El Señor no solo nos proporciona puentes para cruzar hacia nuestro destino, sino que también el enemigo nos proporciona puentes para regresar al lugar de dónde venimos. ¿Entiende lo que le digo?

A menudo, el enemigo nos ha proporcionado formas de retroceder. ¡Quizás la prueba sea demasiado difícil! Tal vez las decisiones que se deben tomar parezcan imposibles de llevar a cabo y nos engañen al ver solo el lado negativo y no el resultado positivo.

Capítulo 6

Yo Creo que Pedro veía venir este día. ¡Creo que estaba en la "agenda del infierno" poner a prueba a este hombre hasta lo profundo de su ser espiritual!

Cuando fue desafiado por aquellos que lo habían visto pasar el rato con Jesús, siendo que Cristo había sido arrestado y estaba esperando el juicio, Pedro rápidamente se desconectó de ser un seguidor de Jesús y dijo: "**¡No lo conozco!**"

¿Ve al enemigo proporcionando una puerta ancha para que Pedro corra? ¿Volver a su vida anterior y pretender que todo este "movimiento" de Jesús nunca sucedió realmente y hasta llegar a negar su asociación con Jesús?

¡Cuidado con estos puentes de regresión!

5. ¡Cruzando Puentes Que Trasciendan Nuestras Ideas Preconcebidas y Preferencias Personales!

"Al día siguiente, mientras ellos iban por el camino y se acercaban a la ciudad, Pedro subió a la azotea para orar, cerca de la hora sexta. Y tuvo gran hambre, y quiso comer; pero mientras le preparaban algo, le sobrevino un éxtasis; y vio el cielo abierto, y que descendía algo semejante a un gran lienzo, que atado de las cuatro puntas era bajado a la tierra; en el cual había de todos los cuadrúpedos terrestres y reptiles y aves del cielo. Y le vino una voz: Levántate, Pedro, mata y come. Entonces Pedro dijo: Señor, no; porque ninguna cosa común o inmunda he comido jamás. Volvió la voz a él la segunda vez: Lo que Dios limpió, no lo llames tú común. Esto se hizo tres veces; y aquel lienzo volvió a ser recogido en el cielo." (Hechos 10: 9-16)

Creo que uno de los mayores desafíos a enfrentar, o uno de los puentes más difíciles de cruzar, es este puente en particular- el puente de ideas preconcebidas y preferencias personales.

Cuando se trata de creencias y preferencias personales, todos tenemos nuestras doctrinas favoritas y cómo deberían ser las cosas. Las ideas pueden ser sólidas hasta el punto que nada ni nadie puede convencernos de lo contrario. Este fue el caso de Pedro.

Es fácil para Dios llamar a un hombre fuera del mundo, ¡pero sacar el mundo del hombre tiene que ser el mayor desafío hasta ahora!

Capítulo 6

Pedro, que es de ascendencia judía, conocía muy bien la ley de Moisés y cómo se sentía Dios acerca de las prácticas gentiles en el estilo de vida y la religión. Obviamente, cualquier judío devoto no estaría asociado con los gentiles, porque ese era el orden de Dios. Sin embargo, Dios tenía otra cosa en mente: alcanzar al gentil a través de sus siervos y que se les predicara el mensaje del reino de Dios.

Para este trabajo, Dios había escogido a Pedro. Ahora, Pedro estaba a punto de tener toda su experiencia religiosa alterada por un trance o una visión de Dios. A menudo, Dios hará esto con sus siervos.

Sabiendo muy bien que sus siervos a veces son demasiado inteligentes por su propio bien o demasiado sabios a sus propios ojos, Dios tiene que "ponerlos a dormir" y visitarlos en la noche a través de sueños, o durante el día usando visiones abiertas o trances.

Toda la clave para esto es trascender la capacidad humana de procesar pensamientos naturales y hablar directamente a la subsconsciencia de nuestra mente: el Espíritu de Dios nos transmitirá el mensaje. ¡Entonces él moverá nuestros corazones a la acción! Esto es exactamente lo que le pasó a Pedro.

Nuestras ideas preconcebidas y preferencias personales pueden ser un gran obstáculo para la voluntad de Dios y pueden hacer que sea casi imposible cruzar este puente sin la ayuda de Dios. Entonces, el Señor, en Su misericordia, cerrará nuestra mente carnal y hablará directamente a nuestro hombre espiritual.

Manténgase atento a los sueños y visiones proféticas.

Capítulo 7

Saulo de Tarso: "Yo Mismo Pensé."

"Pues bien, yo mismo estaba convencido de que debía hacer todo lo posible por combatir el nombre de Jesús de Nazaret. Eso es precisamente lo que hice en Jerusalén. Con la autoridad de los jefes de los sacerdotes metí en la cárcel a muchos de los santos y, cuando los mataban, yo manifestaba mi aprobación. Muchas veces anduve de sinagoga en sinagoga castigándolos para obligarlos a blasfemar. Mi obsesión contra ellos me llevaba al extremo de perseguirlos incluso en ciudades del extranjero." (Hechos 26:9-11)

Mientras ministraba en las calles un frío día de invierno a las afueras de nuestra iglesia, que estaba en el centro de la ciudad donde estaba pastoreando en ese momento, decidí salir y repartir algunas mantas a las personas sin hogar que pasaban el rato en los alrededores de nuestro ministerio.

Cuando me encontré con un individuo en particular, me acerqué a él y le ofrecí una manta, ya que afuera hacia frio y tenía muy poca ropa o al menos sentí que eso no era suficiente para cubrirse y mantenerse abrigado ya que un frente frío que acababa de llegar. Para mi sorpresa, el hombre apartó la manta y rechazó mi regalo. Luego procedió a educarme sobre cómo piensa la mente de los vagabundos, o al menos, como piensa la suya.

Este hombre me dijo: *"La sociedad me ha robado. No hay gente buena en el mundo. ¡El gobierno es una gran farsa! Odio a todos y, para ser honesto, no aprecio que me des una manta."* El hombre continuó expresando su disgusto por mi alcance y simplemente no recibiría mi ayuda ni la de nadie más, de hecho.

Después de experimentar este tipo de rechazo, no quise quedarme callado. Procedí a exponerle mi punto y le dije: *"Tienes razón en gran parte de lo que dices. Lamento mucho que te sientas así por todo lo que estás diciendo. Pero déjame decirte, hay una manera de llevar al hombre a la libertad y al gozo. Es a través de Cristo el Señor. Permite que Jesús entre y cambie la forma en que ves la vida; verás lo que quiero decir después de recibirlo en tu corazón."* Él dijo: *"¡No! ¡Gracias!"* Luego me alejé con el corazón bastante roto.

Mientras me alejaba con mi manta en la mano, pensé para mí mismo cómo la gente experimenta cosas malas en la vida y si se convencen de que la "desgracia" que se avecina es el final, entonces esos serán los lentes a través de los cuales verán la vida. Esto es triste. ¡Muy triste!

Demasiadas personas que afirman caminar con el Espíritu de Dios todavía sucumbirán a ideologías y filosofías condenatorias que las desvían del propósito eterno de Dios. ¡Siguen caminando sobre "puentes" que les fue entregada por la sociedad o malas experiencias y no un puente que les fue dado por el Señor!

Yo Mismo Pensé

Mientras redactaba este capítulo y meditaba sobre este vagabundo, mi mente me llevó a otro hombre que también había experimentado algo que pervirtió su comprensión de Dios y de Su Cristo.

A pesar de lo estudiado o culto que era Saulo de Tarso, tenía una visión pervertida de quién era Dios en realidad. Su religión como fariseo practicante había envenenado su comprensión y perspectiva de un Dios amoroso lleno de misericordia y gracia.

Saulo de Tarso no podía ver cómo Cristo era el cumplimiento de la Ley y cómo, solo a través de Cristo, un hombre podía entrar en el reino de Dios. Entonces, como no podía entenderlo, ¡quiso rechazar la idea y matarla!

Esto es lo que Saulo de Tarso ahora Pablo concluyó mientras estaba de pie ante el rey Agripa: *"Pues bien, yo mismo estaba convencido de que debía hacer todo lo posible por combatir el nombre de Jesús de Nazaret."* Dediquemos un tiempo a observar este versículo.

Pablo dijo: **"Yo mismo pensé."** ¿Qué significa esto? Bueno, veámoslo. La palabra *yo mismo* en el idioma original significa *iniciativa propia; bien propia*. La palabra *pensamiento* en su significado original significa: *suponer v. - pensar o creer* (algo) *sin estar completamente establecido en la mente u opinión.*

Pablo dentro de sí mismo y por su propia iniciativa y

por su propio bien, supuso que estaba haciendo lo correcto. Arrestar a los siervos de Dios era normal para cruzar un puente que se basaba en su propia ideología. No nació en el Espíritu de Dios, ¡nació en la carne!

Forma de Pensar

¿Ha tomado alguna vez decisiones basadas en suposiciones? ¿Alguna vez has seguido un camino que pensaste o que alguien te dijo, "Este es el camino"? Solo para darse cuenta de que esta dirección tomada en base a suposiciones lo ha llevado a un callejón sin salida. O tal vez no donde esperaba llegar

Solo puedo pensar en la frecuencia con la que yo mismo he hecho estas suposiciones; cuántas veces he tomado decisiones de forma apresurada y cometido un error tras otro, todo basado en una idea que fue dirigida por mi propia iniciativa y por mi propio bien.

Se Requiere Oración

Mi comprensión de todo esto es simple: un puente podría llevarnos a usted y a mí a un buen camino lleno de prosperidad y bendición y otro puente podría sacarnos de la voluntad de Dios. Nuestro llamado a todos los que tenemos a Jesús como Señor y al Espíritu Santo como nuestro Maestro, es que le preguntemos a Dios cuál es el camino que debemos seguir. Permitir que Dios nos guíe por Su Espíritu debe ser nuestro deseo más profundo. Este debería ser el clamor de nuestro corazón. Siempre debemos esforzarnos e intentar estar en el puente que Dios ha preparado para nosotros. ¡Nunca nos contentemos con nada menos que el puente perfecto de Dios para nuestras vidas hoy!

Capítulo 8

Juan el Revelador: ¡Un Puente Al Futuro!

"Después de esto miré, y he aquí una puerta abierta en el cielo; y la primera voz que oí, como de trompeta, hablando conmigo, dijo: Sube acá, y yo te mostraré las cosas que sucederán después de estas. Y al instante yo estaba en el Espíritu; y he aquí, un trono establecido en el cielo, y en el trono, uno sentado." (Apocalipsis 4:1-2)

Una Puerta Abierta en el Cielo

Si hay algo sobresaliente acerca de entrar al reino de Dios es la asombrosa habilidad de vivir en dos reinos simultáneamente. ¡Puedes ministrar al mundo y al mismo tiempo ver al Señor cara a cara! ¿Cómo te sienta esto? ¿Puedes comprenderlo?

Nosotros como creyentes, vivimos en dos dimensiones esto, ¡ya era hora de que alguien te lo dijera! No hay nadie que tenga la capacidad de hacer esto, sino solo aquellos que caminan con Dios y ven a Dios a diario. Podemos ver lo que el mundo está diciendo y al mismo tiempo saber lo que Dios está diciendo. Podemos actuar como lo hizo Jesús, o podemos imitar al mundo, si queremos. Usted y yo somos testimonios vivos de la gloria de Dios en la tierra.

Mientras caminas en la tierra entre la creación de Dios, encontrarás que algunos todavía no tienen la revelación de Jesús y no lo han aceptado en sus corazones. Por lo tanto, no hay Espíritu Santo en sus vidas y mucho menos la sabiduría para comprender el plan de Dios en su totalidad.

Para aquellos que pasan tiempo en el lugar secreto de oración con Dios, aparecen muchos puentes. Puentes que los llevarán de un punto a otro. Este tiene que ser uno de los elementos más emocionantes de ser un siervo del Señor: conocerlo y conocer Su plan para tu vida.

Inmediatamente Estuve en El Espíritu.

Cuando Juan subió , vio una puerta que estaba abierta. Esta es una puerta o un portal en el reino de Dios. La Escritura dice que inmediatamente estuvo **"en el Espíritu."** Juan fue llevado a una dimensión sobrenat-

ural donde el Espíritu del Señor le dijo: **"Te mostraré las cosas que sucederán después de estas."**
Usted y yo no estamos exentos de estas experiencias; nosotros también podemos experimentar visiones del Señor. Quien conoce al Señor, puede valerse de la dimensión del Espíritu y ver todo lo que el Señor tiene preparado para el futuro.

¿Alguna vez has estado en una situación difícil de la que simplemente no tienes forma de salir? No importa cuánto gritaste, lloraste y suplicaste, ¿las cosas no cambiaron por el estallido de emoción? ¡Estoy hablando de esos momentos en los que ninguna cantidad de súplicas ayudaba y nadie a tu alrededor te animaba! ¿Ha estado allí? Jeremías estuvo allí y muchos otros han estado en este lugar.

Mientras Jeremías aún estaba encerrado en el patio de la cárcel, vino a él la palabra del Señor y le dijo: "Clama a mí, y te responderé, y te mostraré cosas grandes y ocultas que tú no conoces". ¿Observa esto? Cuando no exista un puente para cruzar, ¡pida al Señor que le muestre uno!

No hay problema demasiado grande, ninguna situación demasiado difícil, ninguna adversidad demasiado fuerte donde el Señor mismo no nos proporcione un puente. Uno debe aprender a invocar al Señor si quiere encontrar una salida a cualquier situación. Una vez que un hombre pone su corazón en buscar al Señor, el Señor aparecerá con un puente de revelación para llevarlo al otro lado.

El Secreto Para Vencer la Incertidumbre...

Yo, Juan, hermano de ustedes y compañero en el sufrimiento, en el reino y en la perseverancia que tenemos en unión con Jesús, estaba en la isla de Patmos por causa de la palabra de Dios y del testimonio de Jesús. En el día del Señor vino sobre mí el Espíritu, y oí detrás de mí una voz fuerte, como de trompeta, que decía: «Escribe en un libro lo que veas y envíalo a las siete iglesias: a Éfeso, a Esmirna, a Pérgamo, a Tiatira, a Sardis, a Filadelfia y a Laodicea...' (Apocalipsis 1:9-11)

Mientras estudio el tema de los puentes para este manuscrito, me he dado cuenta de que la voluntad de Dios no está atrapada de ninguna manera. No hay nada que pueda estorbar los planes del Señor, Su

Capítulo 8

visión futura del mundo o Su iglesia eterna.

En este momento de la historia, el apóstol Juan está en prisión en la isla de Patmos. Hay un par de observaciones que quiero hacer antes de cerrar este capítulo.

La primera observación tiene que ver con el mismo Apostol Juan. Antes de que llegara esta revelación al Apostol Juan, ¿cuál era su estado de ánimo? ¿Qué estaba pensando? ¿Cree que el Apostol Juan solo estaba esperando que sus días terminaran y cerrara su vida con fuerza?; ¿Una vida que dio testimonio de la perseverancia del Apostol Juan en Cristo y nada más? ¿Piense que tal vez el Apostol Juan estaba reflexionando sobre su condición actual y sintiendo lástima de sí mismo por estar en la cárcel y no poder ayudar a la iglesia a avanzar? Este podría haber sido el caso y nunca lo sabremos realmente.

Esto es Lo Que Sabemos...

Estando el Apostol Juan en la cárcel en la isla de Patmos, como la Escritura dice - **"Yo estaba en el Espíritu en el día del Señor, y oí detrás de mí una gran** voz como de trompeta, que decía: Yo soy el Alfa y la Omega, el primero y el último" y "Escribe en un libro lo que ves y envíalo a las siete iglesias que están en Asia: a Éfeso, y a Esmirna, y a Pérgamo, y a Tiatira, y a Sardis, y a Filadelfia y a Laodicea." Justo cuando podría haber pensado que su vida estaba a punto de terminar, escuchó una gran voz detrás de él, ¡como de una trompeta! Justo cuando el futuro parecía sombrío, ¡el Señor entró con un poderoso puente! ¡Un puente hacia el futuro para las iglesias en Asia Menor!

¿Qué Hay de Ti y de Mí?

La segunda observación que tengo se relaciona con usted y conmigo. ¿Está pensando que su vida ya no es vibrante? ¿Cree que sus "buenos" días han quedado atrás? ¿Se ha preguntado si Dios tiene una misión especial para usted? ¿Se has preguntado alguna vez si el Señor le usara para tener un impacto significativo en el mundo en el que vive hoy?

Es fácil sentirse inútil e insignificante; es fácil sentir que tu vida realmente no importa mucho. ¡He estado en este lugar con demasiada frecuencia para saber que no ha terminado! El Señor no ha terminado

Capítulo 8

con nadie ni con nada que tenga aliento. Creo que el Señor continúa planeando nuestro futuro y siempre está alineando nuestro corazón con el suyo.

Yo creo que el Apóstol Juan era mayor de edad (por lo que dice la tradición), y tal vez sintió que su vida estaba a punto de llegar a su fin; pero no sabía que Dios tenía algo más para él. Es de la misma manera contigo y conmigo. Siga buscando los puentes significativos de Dios en las próximas temporadas de su vida. Hay más allí de lo que conoces.

Capítulo 9

Invitaciones, Métodos y Lo Que Dejamos Atrás.

A medida que sigo compartiendo con ustedes el valor de los puentes y lo importantes que son para el cumplimiento de nuestro destino, tenga en cuenta que los puentes pueden llegar a nosotros de muchas maneras diferentes. No reconocer estos puentes puede tener efectos adversos en nuestras vidas y acabará haciéndonos daño a largo plazo.

En este capítulo, describo mi experiencia personal y la valiosa lección que me cambió la vida y que aprendí con uno de los puentes más significativos que he encontrado y cruzado en mi propia vida.

Invitaciones

La invitación a cruzar un puente suele llegar de muchas formas diferentes. Todo depende de su situación actual y de cómo el Espíritu del Señor desee guiarlo.

Como dije anteriormente, los puentes vienen de diferentes maneras. Estas invitaciones pueden venir en forma de personas, ideas, revelaciones del Señor, oportunidades o desafíos tanto en la vocación como en la vida personal. ¡Estos puentes a veces vienen en medio de la adversidad, o tal vez de un mal que se cometió contra nosotros!

Por alguna extraña razón, los cristianos siempre han tomado la posición de que si algo es de naturaleza "negativa", debe ser demoníaco o al menos no venir del Señor. Lo mismo ocurre con las cosas "positivas" de la vida. Si todo va bien, ¡asumimos que es Dios quien nos conduce por el camino eterno!

Mis queridos amigos, ya sea que se trate de una experiencia positiva o negativa que se presente en nuestro camino, no se dejen engañar; un siervo del Señor siempre debe permitir que llegue la prueba y abrazar todo lo que se le presente. Al enfrentar el desafío, uno debe preguntarle al Señor acerca de tal prueba, y por qué ha venido, o por qué razón nos ha sido traída. Es después de esto que uno obtiene la sabiduría para saber qué hacer con tal prueba o aflicción.

Métodos

Invitaciones, Métodos, y Lo Que Dejamos Atrás.

Recuerdo muy claramente una experiencia que tuve con respecto a un puente en particular en mi vida que sabía que cruzaría, pero no sabía cuándo.

Cuando este puente se presentó, fue en forma de sueño. El Señor me reveló que la estructura gubernamental de mi lugar de trabajo estaría cambiando y que mi vida se vería gravemente afectada por ello.

Cuando me llegó el sueño, le pedí al Señor sabiduría y conocimiento. Oré por claridad, la claridad que Él me dio. El Señor me dijo que el sueño era para mí, y que era para mi vida y ministerio. Me mostró que vendría, y que me mantuviera humilde en todo momento.

Estos fueron mis pensamientos mientras reflexionaba sobre el sueño:
- o ¿Debo poner mi confianza en un sueño?
- o ¿Debo confiar todo mi futuro en este sueño?
- o ¿Qué pasa si el sueño fue el resultado de haber cenado demasiada pizza la noche anterior?
- o Hay demasiado en juego (tiempo, dinero y re cursos, etc.) ¿Debería incluso "jugar" con la idea de que es Dios quien dirige?

o ¿Qué pensaría la gente de mí si cruzo este puente?

o ¿Qué tan grande es la pérdida si este puente (cosa) no vuela?

En nuestro intento de agradar a Dios, uno necesita saber que Su Espíritu siempre va delante de nosotros. Él nos guía con claridad y afirmación acompañada de una profunda y sutil paz. Así es como sabes qué vas a cruzar sin importar lo que vean tus ojos naturales y sin importar lo que te diga tu entorno natural.

¡Todos los cruces de un puente deben hacerse teniendo la fe de Dios!

¡Qué Hacer Con lo Que Queda Atrás!

Mientras estaba en la conferencia en Fort Mills, Carolina del Sur, el hombre que me profetizó sobre este tema en particular y sobre el que estoy escribiendo ahora, a través de Su siervo El Señor , me dijo: *"No te preocupes por lo que estás dejando, mientras cruzas los puentes que aparecerán. Yo me encargaré de todo lo que dejes atrás."*

¿Qué significa esto? ¿Significa que uno cruza sin pensar en las personas que puede lastimar al dejarlas atrás? ¿Significa que uno no debe preocuparse por las obligaciones financieras que dejará atrás? ¿Significa que uno no debe preocuparse por las redes y conexiones establecidas con los de fe similar?

¿Qué es exactamente de lo que no debo preocuparme?

Una Mentalidad Diferente

A esto, sentí que el Señor me dirigía a una dimensión diferente del pensamiento. No significaba que no debía preocuparme por todas estas obligaciones; tenía que ver con un mayor nivel de comprensión de la voluntad de Dios para mi vida.

Tenemos que recordar que cuando la Escritura dice en 1 San Juan 4:18 que **"No hay temor en el amor, sino que el perfecto amor echa fuera el temor; porque el temor tiene tormento, y el que teme no ha sido perfeccionado en el amor"** - tenemos que reconocer que, cuando el Espíritu de Dios nos está guiando por revelación a un cierto punto de cruzar un puente en

Capítulo 9

nuestras vidas, no debemos temer. Esto significa que el Señor nos respalda y prosperaremos gracias a este movimiento. ¡El temor NO es del Señor!

Si tememos, entonces la fe no está presente y el Señor no está dirigiendo. Todo lo que no es de fe es pecado. Esto puede explicar por qué nuestras vidas no avanzan mucho cuando nos esforzamos por abrirnos camino hacia nuestro destino... Dios lo tiene todo dispuesto; solo necesitamos seguir el liderazgo

Permítanme compartir con ustedes lo que descubrí en Lucas 9...

Y sucedió que mientras iban por el camino, alguien le dijo "Yendo ellos, uno le dijo en el camino: **Señor, te seguiré adondequiera que vayas. Y le dijo Jesús: Las zorras tienen guaridas, y las aves de los cielos nidos; mas el Hijo del Hombre no tiene dónde recostar la cabeza. Y dijo a otro: Sígueme. Él le dijo: Señor, déjame que primero vaya y entierre a mi padre. Jesús le dijo: Deja que los muertos entierren a sus muertos; y tú ve, y anuncia el reino de Dios. Entonces también dijo otro: Te seguiré, Señor; pero déjame que me despida primero de los que están en**

mi casa. Y Jesús le dijo: Ninguno que poniendo su mano en el arado mira hacia atrás, es apto para el reino de Dios." (San Lucas 9: 57-62)

Una persona que anhela caminar en la voluntad de Dios y cruzar puentes que la llevaran a ese lugar de alineación, debe lidiar con tres elementos. Aquí se describen:

1. *El Elemento de la Seguridad.*

"Señor, te seguiré adondequiera que vayas. Y le dijo Jesús: Las zorras tienen guaridas, y las aves de los cielos nidos; mas el Hijo del Hombre no tiene dónde recostar la cabeza."

Al cruzar un puente que Dios ha provisto y sabiendo muy bien que Dios tiene esto planeado para que lo tomemos como un desafío, comprenda que no hay promesa de consuelo de ninguna forma. El pensar que las cosas saldrán mejor para nosotros en el futuro inmediato es comprar algo que Dios nunca prometió. Por supuesto, Dios cuidara de nosotros pero hasta que haya terminado de lidiar con nuestra carnalidad. Él se ocupará de nuestra comodidad y seguridad.

Capítulo 9

Nada es seguro en la vida, excepto el Señor Jesús y lo que él nos presenta como oportunidades. ¡Nada es más seguro en esta vida que permanecer en el centro de la voluntad de Dios!

2. *El Elemento de Poner a Dios en Primer Lugar.*

Y dijo a otro: Sígueme. Él le dijo: Señor, déjame que primero vaya y entierre a mi padre. Jesús le dijo: Deja que los muertos entierren a sus muertos; y tú ve, y anuncia el reino de Dios.

A este en particular, Jesús se acercó. Le dijo: **"sígueme."** Tenga en cuenta aquí que si el Señor nos envía una invitación, comprenda que es con el propósito de avanzar. Ahora, para el desafío en cuestión, este individuo dijo: **" Señor, déjame que primero vaya y entierre a mi padre."** La palabra clave de esta frase es *primero*.

Este hombre le estaba pidiendo a Jesús que por favor le diera tiempo para ocuparse de un asunto personal. Jesús dijo: **"Deja que los muertos entierren a sus muertos..."** ¿ve esto? ¿Era un insensible? No era nada en contra de que la familia muera y necesite ser sepultada, pero Jesús no iba a permitir que nadie pusiera otra cosa antes que Él.

Al cruzar un puente, Dios espera que muramos a las preferencias personales y tomemos Su causa primero. Jesús debe tener la preeminencia en todas las cosas.

Cuando cruzamos un puente, no podemos estar pensando en todo lo que tenemos que cuidar de nuestro pasado. Cuando cruzamos un puente, ponemos lo que tenemos ante nosotros primero, ¡no lo que dejamos atrás! esta verdad tiene que ver con darle a Jesús el primer lugar en nuestras vidas, ¡pase lo que pase!

3. El Elemento de Conveniencia.

"Entonces también dijo otro: Te seguiré, Señor; pero déjame que me despida primero de los que están en mi casa. Y Jesús le dijo: Ninguno que poniendo su mano en el arado mira hacia atrás, es apto para el reino de Dios."

Cuando Dios nos da un puente para cruzar, no podemos hacerlo por conveniencia. La conveniencia no tiene lugar para aquellos que tienden a seguir la voluntad de Dios. ¿Qué es la conveniencia? El diccionario *Webster* lo tiene como *ausencia de molestias; facilidad.*

Cuando se trata de dar un paso adelante en la dirección de Dios, uno no puede darse el lujo de elegir lo que quiere. Se debe insistir en los deseos de Dios, sin importar la incomodidad que esto pueda traer. Uno debe ocuparse de sus emociones antes de dar cualquier paso hacia la voluntad de Dios.

A menos que uno esté dispuesto a pagar el precio de cruzar ese puente, él o ella tendrá más dificultades para lidiar con lo que queda atrás.

Capítulo 10

¡Es Ahora o Nunca!

"Y extendió Moisés su mano sobre el mar, e hizo Jehová que el mar se retirase por recio viento oriental toda aquella noche; y volvió el mar en seco, y las aguas quedaron divididas. Entonces los hijos de Israel entraron por en medio del mar, en seco, teniendo las aguas como muro a su derecha y a su izquierda. Y siguiéndolos los egipcios, entraron tras ellos hasta la mitad del mar, toda la caballería de Faraón, sus carros y su gente de a caballo." (Éxodo 14:21-23)

Al concluir este manuscrito, me gustaría hacer referencia a este poderoso testimonio de cómo Israel cruzó el Mar Rojo cuando era perseguido por el Faraón y su ejército.

¿Puede ver cómo Dios siempre mueve las cosas según su voluntad y no la nuestra? Dios hizo una promesa a los hijos de Abraham, Isaac y Jacob, no los iba a abandonar ni por un minuto

Es asombroso lo que un poco de presión puede hacer

Capítulo 10

en nuestras vidas cuando se aplica personalmente.

Mucha gente no se da cuenta de que, muchas veces, el Señor mismo ha estado esperando que nos moviéramos en Su dirección. Pero, por miedos, inseguridades, inconvenientes y similares, nunca damos el paso. ¿Si sabe lo que quiero decir?

Al estudiar este capítulo en particular del libro de Éxodo, me di cuenta de algunas cosas acerca de dar un paso adelante hacia el destino de Dios.

Verá, el Señor había prometido a los niños hebreos bendición sobre bendición en una tierra en la que fluía leche y miel. Pero para ver esta tierra, los niños hebreos tendrían que experimentar primero la incomodidad, y luego la bendición. Este suele ser el orden de Dios. Entonces, ¿Qué es lo que Dios comienza a hacer? Comienza a provocar una crisis en la vida de los niños hebreos. El faraón ya no favorece a los niños hebreos y todo lo dulce comenzó a agriarse.

Los niños hebreos comenzaron a ser abusados por los esclavistas del campo del Faraón, y esto los hizo clamar a Dios por liberación. En respuesta a sus súplicas, Dios levantó a un hombre llamado Moisés.

Fue Moisés quien libró a los niños hebreos y los sacó de Egipto por la poderosa mano de Dios, haciendo señales y prodigios. Fue la plaga de la matanza de los primogénitos lo que finalmente hizo que el faraón liberara a los niños hebreos de su esclavitud y los liberara.

Mientras salían de Egipto, llegaron a las orillas del Mar Rojo. ¡Habla sobre superar lo imposible!

Fue aquí donde apareció el puente de Dios cuando Dios le dijo a Moisés que dividiera el Mar Rojo. Y extendió Moisés su mano sobre el mar, e hizo Jehová que el mar se retirase por recio viento oriental toda aquella noche; y volvió el mar en seco, y las aguas quedaron divididas. (Éxodo 14:21)

¿Puede imaginarse con todos estos dos millones y medio de niños hebreos al borde de un colapso caótico? Todos se encuentran asustados con el ejército del Faraón persiguiéndolos y el Mar Rojo frente a ellos. ¿Qué habrías hecho?

Capítulo 10

Una cosa de la que me he dado cuenta a lo largo de los años es que esta vida no es para siempre. Se nos ha dado un tiempo bajo el sol para cumplir el propósito de Dios. Si no aprendemos a reconocer los puentes que Dios ha preparado intencionalmente para nosotros, ¡podríamos perdernos el cumplimiento del propósito de Dios para bien!

¡El Enemigo Le Perseguirá Hasta el Final!

"Y siguiéndolos los egipcios, entraron tras ellos hasta la mitad del mar, toda la caballería de Faraón, sus carros y su gente de a caballo." (Éxodo 14: 23)

Debido a que los puentes proféticos de Dios tienen tanto valor para nuestra realización espiritual, el enemigo no se arrepentirá. Por el contrario, el enemigo seguirá persiguiéndonos, incluso cuando estemos a punto de llegar al otro lado de un puente.

¡Siempre podemos distinguir qué tipo de impacto tendrá nuestro cruce por lo que sentimos antes de cruzar, mientras cruzamos y después de haber cruzado!

Los egipcios **"los persiguieron y fueron tras ellos por**

medio del mar, todos los caballos del faraón, sus carros y sus jinetes". Hay una verdadera razón de buena fe por la que el enemigo no quiere que los siervos de Dios crucen ningún puente. El enemigo sabe demasiado bien que el propósito de cruzar un puente profético es acercarse al corazón mismo de Dios y a nuestro destino en Él.

¿Es de extrañar qué experimentemos miedo al cruzar? La simple idea o pensamiento de dejar a alguien o algo atrás genera una serie de emociones encontradas en nuestras mentes. ¿Debería cruzar? ¿No debo cruzar?

¡Es Ahora o Nunca!

Al cerrar este manuscrito. Quiero dejarle con la seguridad de que usted y yo siempre tenemos la opción de seguir el empujón de Dios a nuestro Espíritu a través de puentes proféticos.

Dios siempre nos ha concedido el poder de elegir el camino que debemos tomar. Muchos puentes proféticos aparecerán ante nosotros a lo largo de nuestra vida, lo que hagamos con ellos depende únicamente de nosotros.

Que el Espíritu del Señor vivifique nuestros cuerpos mortales para caminar en la dimensión de Dios. Que nosotros también veamos cada puente de oportunidad que Dios nos presenta, para que podamos aprovechar el momento.

Mis amigos, ¡el tiempo es esencial! El que tiene oído, que oiga lo que dice el Espíritu. ¡Vive con un corazón urgente, es realmente ahora o nunca!

Información de Ministerio

Para obtener más información sobre el ministerio de Masterbuilder Inc., predicaciones, liderazgo, capacitación o conferencias, Instituto bíblico - no dude en enviar un correo electrónico a David Mayorga:

mayorga1126@gmail.com

También visite nuestro sitio web en:

www.masterbuildertx.com

Nuestro ministerio se encuentra en:

Masterbuilder Ministries
3833 N 3833 N. Taylor Rd.
Palmhurst, Texas 78573

Para obtener mas libros escritos por David Mayorga, por favor de ir a nuestra pagina de internet:

www.shabarpublications.com

www.ingramcontent.com/pod-product-compliance
Lightning Source LLC
Chambersburg PA
CBHW071421070526
44578CB00003B/642